안중근 유묵집

동포에게 고함

북핀

'안중근',

이름 세 글자에서 여러분은 어떤 모습을 떠올리시나요?

'조국의 독립과 동양의 평화를 위해 이토 히로부미를 처단하고 명예롭게 순국한 독립운동가.'라는 설명이 우리에게 가장 익숙할 것입니다. 그러나 그 외에 그의 삶에 대해 우리는 얼마나 알고 있을까요? 하얼빈 의거로 인해 체포되어 수감된 이후부터 순국하기 전까지 여순 감옥에서 써내려간 유묵은 그의 삶을 다양하게 보여줍니다.

爲國獻身 軍人本分 (위국헌신 군인본분)
나라를 위해 자신을 바치는 것은 군인의 본분이다.

우리가 익숙히 알고 있는, 나라를 위해 온몸을 바쳤던 애국지사로서의 삶과

黃金百萬兩 不如一敎子 (황금백만냥 불여일교자)
황금 백만 냥도 자식 하나 가르침만 못하다.

삼흥학교, 돈의학교 등을 세워 교육에 힘썼던 교육자, 계몽가의 모습도 볼 수 있습니다.

敬天 (경천)
하늘을 공경하라.

전 세계의 평화와 화합을 바랐던 평화주의자이자 신앙인으로서의 모습을 볼 수 있으며

一日不讀書 口中生荊棘 (일일부독서 구중생형극)
하루라도 글을 읽지 않으면 입안에 가시가 돋친다.

자신의 수양을 게을리하지 않았던 올곧은 선비의 모습도 보입니다.

自愛寶 (자애보)
스스로를 보배처럼 사랑하라.

貧而無諂 富而無驕 (빈이무첨 부이무교)
가난하되 아첨하지 않고 부유하되 교만하지 않는다.

누군가를 위한 지혜로운 조언이면서도, 어쩌면 나약한 인간인 자신을 위한 다짐일 수도 있겠지요.

이처럼 나라를 사랑한 군인이자 교육자, 계몽가, 신앙인, 평화주의자 그리고 인간 안중근의 모습이 그의 유묵에 담겨 있습니다.

우리의 삶은 과거와 단절되어 있지 않고 이어져 있습니다. '역사는 현재와 과거의 끊임없는 대화이다.'라는 유명한 역사가의 말처럼, 위대한 인물이 남긴 유산은 현대를 살아가는 우리에게 무한한 영향을 줍니다. 안중근 의사의 조국 독립과 동양 평화를 향한 의지, 신념, 기개 그리고 인간적 모습 또한 현대를 살아가는 우리에게 많은 바를 느끼게 합니다.

2019년은 안중근 의사 탄생 140주년, 하얼빈 의거 110주년인 해입니다. 또한, 3·1운동 100주년, 상해임시정부 수립 100주년이 되는 해이기도 하지요. 여러모로 생각할 거리도 느끼는 바도 많은 해가 될 것 같습니다. 격동의 시대 속에서 조국 독립과 평화라는 시대적 사명을 지킨 순국선열을 한 번 더 생각하는 계기가 되었으면 합니다. 그리고 인간 안중근의 얼이 담겨있는 유묵을 통해, 안중근 의사의 사상과 그를 더욱더 가깝게 느끼게 되기를 바랍니다.

목차

1879년 9월 2일, 황해도 해주에서 태어났다. 태어날 때 배와 가슴에 북두칠성 모양의 7개의 점이 있어 북두칠성의 기운을 받고 태어났다고 해서 아명을 응칠(應七)이라 지었으며, 1907년 망명 후에도 이 이름으로 활동하였다. 조부 안인수와 부친 안태훈이 진해 현감, 성균 진사를 지냈으며 집안은 황해도에서 이름난 부호 가문으로 유복한 어린 시절을 보냈다. 7세 되던 해에 해주를 떠나 신천군 두라면 청계동으로 이사하였다.

어린 시절 서당에서 한학 등의 학문을 수학할 뿐 아니라 무술에도 열중하였는데, 어려서부터 사격술이 뛰어나 포수들 사이에서도 명사수로 알려졌다. 1894년, 16세 때 결혼하여 후에 2남 1녀를 두었으며, 동학을 빙자한 농민군이 소요를 벌일 때 부친과 장인을 도와 농민군을 진압하는 의병 선봉장으로 용맹을 떨쳤다. 1896년, 18세 때 가족들과 함께 천주교에 입교하여 신식 학문을 접하고 가톨릭 신부에게 프랑스어를 배웠으며, 도마(多默, Thomas)라는 이름으로 세례를 받았다.

1905년, 일제가 러일전쟁과 을사늑약 체결 등을 통해 조선의 주권을 침탈하고 제국주의의 야욕을 드러내자 27세의 안중근은 항일투쟁의 터전을 잡기 위해 국외 망명을 결심하였으며, 운영하던 상점을 팔아 삼흥학교와 돈의학교를 세우고 교육 구국 운동에 힘썼다. 1907년, 29세 때 국채보상운동에 참여하여 열성적으로 구국 활동을 벌이다가 국외 활동을 위해 북간도로 망명한 후 블라디보스토크에서 청년회에 몸을 담고 항일독립운동을 시작하였다. 이듬해 의병부대를 조직하고 국내 진입작전을 벌여 몇 차례 승리도 하였으나, 동양평화를 늘 기치로 삼고 있던 안중근은 만국 공법을 따라 사로잡은 포로들을 석방하였고 이로 인해 위치가 노출되어 일본군의 기습공격을 받게 되고 의병부대는 뿔뿔이 흩어지고 만다.

1909년, 31세 때 11명의 동지와 함께 조국의 독립회복과 동양평화 유지를 위해 헌신하는 동의단지회를 조직하였다. 이들은 왼손의 약지를 끊어 그 피로 태극기에 대한독립을 쓰고, 대한독립만세를 세 번 외치고 조국의 독립을 위해 목숨을 바치기로 하늘과 땅에 맹세하였다. 그해 10월, 이토 히로부미가 하얼빈에 도착한다는 신문 기사를 읽은 안중근은 우덕순, 조도선과 함께 의거를 계획한다. 1909년 10월 26일, 하얼빈역에 도착한 이토 히로부미를 권총으로 쏘아 척결한 후 체포되었고 11월 3일에 여순 감옥에 수감된 후 다음 해인 1910년 2월 14일 재판에서 사형이 선고되었으며, 3월 26일에 순국하였다.

옥중생활 동안 자서전 《안응칠역사(安應七歷史)》와 《동양평화론(東洋平和論)》을 집필하였으며, 많은 유묵을 남긴다.

옥중 유묵에 대하여

옥중 유묵은 안중근 의사가 **1909년 10월 26일 하얼빈역**에서 이토 히로부미를 사살하고 체포된 후 사형선고를 받고 순국할 때까지 만주의 여순감옥에서 쓴 붓글씨를 말합니다.

《논어(論語)》, 《사기(史記)》 등의 경전 구절이나 자신의 심중을 나타낸 것, 조국을 향한 충정, 동양 평화와 세상에 대한 소회, 신앙 등을 주제로 썼으며, 낙관으로 **무명지가 없는 왼손바닥**이 찍혀 있습니다. 의사의 왼손은 동의단지회를 결성할 때 혈서를 쓰기 위해 넷째 손가락을 잘랐었는데, 이러한 왼손이 찍혀 있는 유묵을 보면 그의 기개를 더욱 잘 느낄 수 있습니다.

유묵은 단정하면서도 힘찬 필치로 서예적 가치를 지니고 있음은 물론이고, 조국을 잃고 일제에 저항하다가 장렬한 죽음을 앞둔 **독립투사의 충혼과 기개**가 깃들어 있다는 점에서 높이 평가되고 있습니다. 당시 간수였던 일본인조차 의사의 충절과 의리에 감복하여 유묵을 받은 후 애지중지 여기고 후손에게 물려주었다는 것을 고려하면 그 가치를 더 잘 알 수 있을까요? (한 TV 프로그램에서 '경천'이라는 작품이 출품되었을 당시 '값을 매겨 평가할 수 없다.'는 판정을 받기도 했습니다.)

옥중에서 썼다고 알려진 약 200여 점의 유묵 중 26점의 유묵이 **보물 제 569호**로 지정되었으며 현재는 안중근의사기념관, 안중근의사숭모회, 국립중앙박물관, 동국대학교박물관, 동아대학교박물관, 숭실대학교박물관, 홍익대학교박물관, 청와대 등의 여러 기관과 기타 개인이 소장하고 있습니다. 그러나, 200여 점의 유묵 중 실물과 사진본 등으로 확인한 작품은 고작 60여 점도 채 되지 않으며, 소장하거나 기증받았던 작품들도 훼손·도난 분실되는 등 유묵에 대한 국민적 관심과 국가적 관리가 부족한 현실입니다. 이러한 안타까운 현실이 개선되어 안 의사의 유묵을 발굴, 보존하고 더 나아가 의사의 유해를 찾게 되는 그날이 오기를 바라며, 그 길에 이 책이 보탬이 되었으면 합니다.

[일러두기]

1. 본 책에 실린 안중근 의사의 유묵은 총 58점으로, 보물로 지정된 유묵은 569-1호부터 569-26호까지의 순서로, 이후 보물 지정이 되지 않은 유묵은 음목의 가나다순으로 실었습니다.

2. 유묵의 현재 소장자, 소장처는 따로 기록하지 않았으며 안중근의사숭모회, 안중근의사기념관에 자세한 사항이 기재되어 있으니 참조하시길 바랍니다.

3. 좋은 화질의 유묵을 싣고자 구할 수 있는 범위에서 노력하였으나 유묵을 직접 촬영하거나 고화질의 파일을 구할 수 없었기에 본 책에 실린 유묵의 모습이 다소 깨끗하지 못한 점, 독자 여러분의 양해를 구합니다.

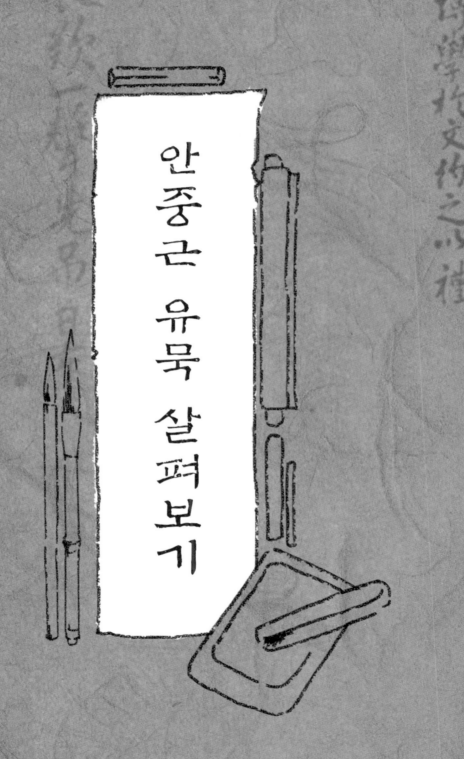

안중근 유묵 살펴보기

博學於文約之以禮

百忍堂中有泰和

보물 569-1호

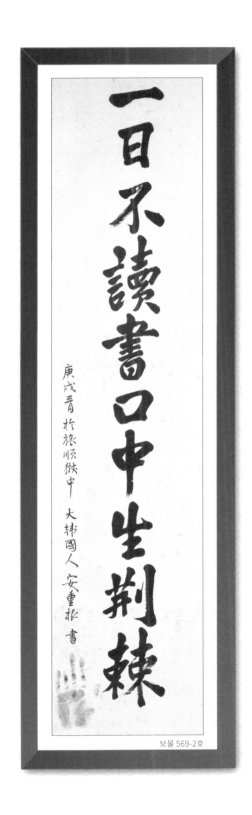

보물 569-2호

보물 569-3호

보물 569-4호 (도난 분실로 인한 지정해제)

東洋大勢思杳玄 有志男兒豈安眠
和局未成猶慷慨 政略不改真可憐

庚戌三月 於旅順獄中 大韓國人 安應七

보물 569-5호

보물 569-6호

庸工難用連抱奇材

庚戌三月 於旅順獄中 大韓國人 安重根書

보물 569-7호

보물 569-8호

보물 569-9호

보물 569-10호

思君千里 以表寸誠

望眼竛穿 韋勿貿情

庚戌三月 扵旅順獄中 大韓國人 安重根 謹拜

보물 569-11호

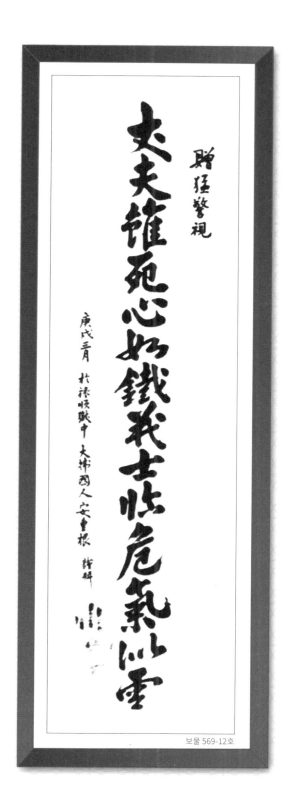

丈夫雖死心如鐵 義士臨危氣似雲

贈猛警視

庚戌三月
於旅順獄中
大韓國人安重根 謹拜

보물 569-12호

博學於文約之以禮

庚戌三月 於旅順獄中 大韓國人 安重根 書

보물 569-13호

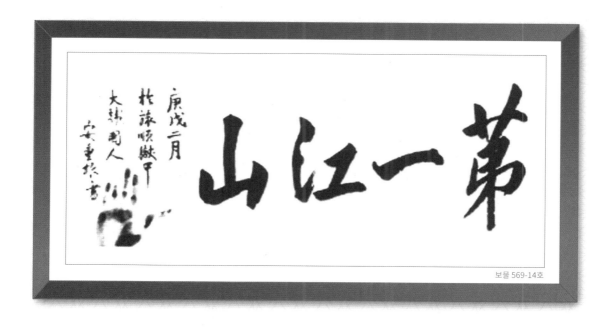

보물 569-14호

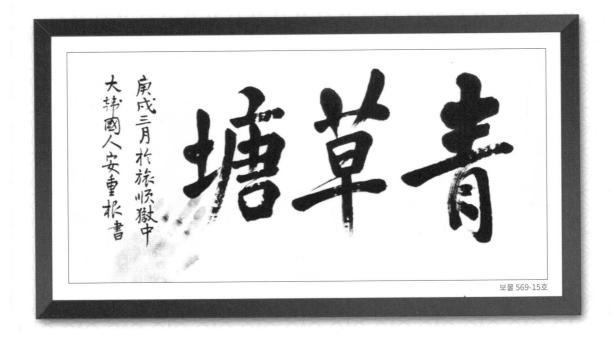

青草塘

庚戌三月扵旅順獄中
大韓國人安重根書

보물 569-15호

孤莫孤於自恃

庚戌二月
於旅順獄中
大韓國人
安重根書

보물 569-16호

보물 569-17호

보물 569-18호

27

極樂

庚戌三月
扵旅順獄中
大韓國人安重根書

보물 569-19호

보물 569-20호

욕보동양 선개정략 시과실기 추회하급

慾保東洋先改政略
時過失機追悔何及

庚戌三月 於旅順獄中 大韓國人 安重根 書

보물 569-21호

贈安岡檢察官

國家安危勞心焦思

庚戌三月 於旅順獄中 大韓國人安重根 謹拜

보물 569-22호

보물 569-23호

天與不受反受其殃耳

庚戌三月 於旅順獄中 大韓國人 安重根 書

보물 569-24호

보물 569-25호

보물 569-26호

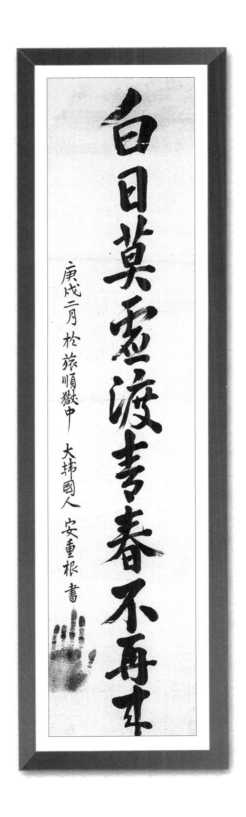

山不高而秀麗 水不深而澄清
地不廣而平坦 林不大而茂盛

庚戌三月
北漢順獄中
大枯同人
安重根書

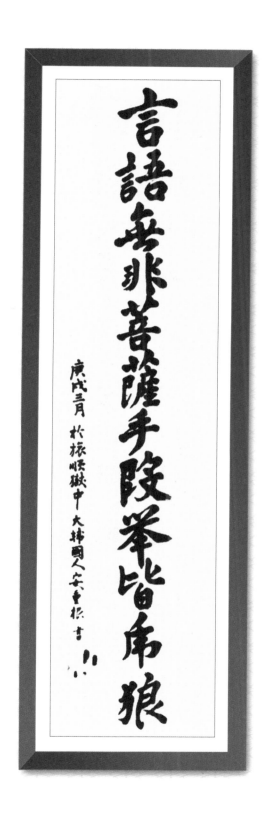

言語無非菩薩手段擧皆虎狼

庚戌三月 於旅順獄中 大韓國人安重根書

와병인사절 차군만리행 하교불상송 강수원함정

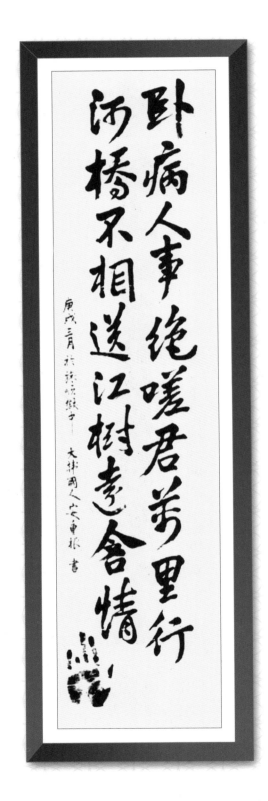

卧病人事絶 嗟君萬里行
河橋不相送 江樹遠含情

庚戌 三月 於 旅順 獄中

大韓國人 安重根 書

日出露消兮 正合運理

日盈必昃兮 不覬枉兆

庚戌三月 於旅順監獄中 大韓國人 安重根書

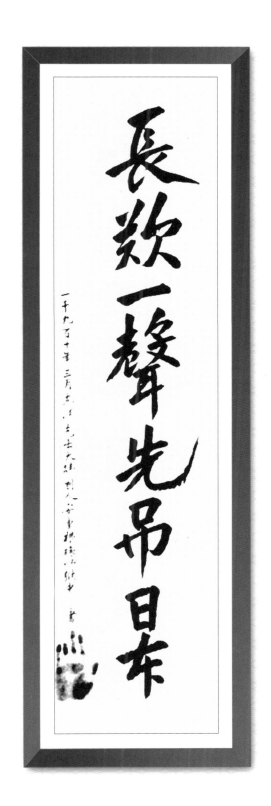

안중근 유묵 따라쓰기

百忍堂中有泰和

일백 **백**   참을 **인**   집 **당**   가운데 **중**   있을 **유**   클 **태**   화할 **화**

백 번 참는 집안에 태평과 화목이 깃든다.

중국 당 고종이 운주 장공예(張公藝)의 집 당호(堂號)로 하사한 것으로 알려져 있다. 장공예 집안은 9대가 한 집에 살았는데, 고종이 많은 친족이 한집에서 어떻게 화목하게 살 수 있는지 묻자, 장공예가 대답 대신 붓과 종이를 청하여 참을 인(忍)자 100자를 써서 올렸다. 이에 고종은 크게 감탄하고 칭찬하며 위의 당호를 하사하였으며 이후 인내를 강조한 글로 알려져 왔다. 제가(齊家)의 법도로 사용하며 주로 수신(修身)의 법도인 일근천하무난사(一勤天下無難事)와 짝을 이뤄 쓰인다.

一日不讀書 口中生荊棘

한 **일**   날 **일**   아닐 **부**   읽을 **독**   글 **서**   입 **구**   가운데 **중**   날 **생**   가시나무 **형**   가시 **극**

하루라도 글을 읽지 않으면 입 안에 가시가 돋친다.

매일 책을 읽어야 한다는 독서의 중요성을 강조한 글로 널리 쓰이고 있지만, 자신의 수양을 게을리하면 가시 돋친 말(남을 헐뜯고 비난하는 무식한 말)을 하게 된다는 의미이다.

百忍堂中有泰和

一日不讀書 口中生荊棘

年年歲歲花相似

해 **년**　　해 **년**　　해 **세**　　해 **세**　　꽃 **화**　　서로 **상**　　닮을 **사**

歲歲年年人不同

해 **세**　　해 **세**　　해 **년**　　해 **년**　　사람 **인**　　아닐 **부**　　한가지 **동**

해마다 계절 따라 같은 꽃이 피건만 해마다 사람들은 같지 않네.

세월이 흘러도 자연의 섭리는 그대로이지만 사람들은 세월에 또는 상황에 따라 변한다는 뜻으로 당시의 암울하게 흘러가는 세태를 걱정하던 안 의사의 마음이 느껴지는 글이다.

恥惡衣惡食者 不足與議

부끄러울 **치**　악할 **악**　　옷 **의**　　악할 **악**　　먹을 **식**　　놈 **자**　　아닐 **부**　　발 **족**　　더불 **여**　　의논할 **의**

굶은 옷, 굶은 밥을 부끄러워하는 자와는 더불어 의논할 수 없다.

《논어(論語)》 이인(里仁) 편에 나오는 '선비로서 도에 뜻을 두고(士志於道 사지어도) 굶은 옷, 굶은 음식을 부끄럽게 여기면(而恥惡衣惡食者 이치악의악식자) 함께 이야기할 수 없다(未足與議也 미족여의야).'라는 말에서 인용한 것이다. 가난하고 천한 것을 결코 부끄럽게 생각하지 않는 안 의사의 인생관을 볼 수 있다.

年年歲歲花相似
歲歲年年人不同

恥惡衣惡食者 不足與議

東洋大勢思杳玄　有志男兒豈安眠

동녘 **동** 큰 바다 **양** 큰 **대** 형세 **세** 생각 **사** 아득할 **묘** 검을 **현**　있을 **유** 뜻 **지** 사내 **남** 아이 **아** 어찌 **기** 편안 **안** 잘 **면**

和局未成猶慷慨　政略不改眞可憐

화할 **화** 판 **국** 아닐 **미** 이룰 **성** 오히려 **유** 슬플 **강** 슬퍼할 **개**　정사 **정** 간략할 **략** 아닐 **불** 고칠 **개** 참 **진** 옳을 **가** 불쌍히여길 **련**

동양대세 생각하니 아득하고 어둡나니 뜻 있는 사나이 편한 잠을 어이 이루리오.
평화정국 못 이룸이 이리도 슬픈지고 침략정책을 고치지 않으니 참으로 가엾도다.

안 의사의 지론인 '동양평화론'이 가장 잘 표현된 글이다. 한국·중국·일본의 세 나라가 각각의 독립
을 유지하면서 함께 연대하여 발전해나가길 바랐던 안 의사는 옥중에서도 《동양평화론》을 저술하
며 아시아의 연대와 평화를 늘 걱정했다.

見利思義　見危授命

볼 **견** 이로울 **리** 생각 **사** 옳을 **의**　볼 **견** 위태할 **위** 줄 **수** 목숨 **명**

이익을 보거든 정의를 생각하고 위태로움을 보거든 목숨을 바쳐라.

《논어(論語)》헌문(憲問) 편에 나오는 '이익을 보면 의를 생각하고(見利思義 견리사의), 위태로움
을 보면 목숨을 바치고(見危授命 견위수명), 오래된 약속일지라도 전날의 자기 말을 잊지 않고 실천
하는 것이다(久要不忘平生之言 구요불망평생지언).'라는 공자의 말에서 인용한 것이다.

東洋大勢思杳玄 有志男兒豈安眠
和局未成猶慷慨 政略不改眞可憐

見利思義　見危授命

庸工難用 連抱奇材

평범할 **용**　장인 **공**　어려울 **난**　쓸 **용**　　잇닿을 **연**　안을 **포**　기특할 **기**　재목 **재**

서투른 목수는 아름드리 진기한 목재를 다루기 어렵다.

《자치통감(資治通鑑)》에 자사(子思)가 위왕(魏王)에게 '커다란 가래나무에(杞梓連抱 기재연포) 썩은 부분이 있더라도(而有數尺之朽 이유수척지후) 훌륭한 장인은 버리지 않는다(良工不棄 양공 불기).'라고 말한 글귀를 바꾸어 쓴 것으로 인재 기용의 중요성을 나타내는 말이다.

人無遠慮 難成大業

사람 **인**　없을 **무**　멀 **원**　생각할 **려**　　어려울 **난**　이룰 **성**　큰 **대**　업 **업**

사람이 멀리 생각하지 못하면 큰일을 이루기 어렵다.

《논어(論語)》위령공(衛靈公) 편에 나오는 '사람이 멀리 생각하지 않으면(人無遠慮 인무원려) 필히 가까운 근심이 있게 된다(必有近憂 필유근우).'라는 말을 인용한 것으로 먼 장래를 내다보는 원대한 계획의 중요성을 언급한 것이다.

庸工難用 連抱奇材

人無遠慮 難成大業

五老峯爲筆 三湘作硯池

다섯**오** 늙을**로** 봉우리**봉** 할**위** 붓**필** 석**삼** 강이름**상** 지을**작** 벼루**연** 못**지**

靑天一丈紙 寫我腹中詩

푸를**청** 하늘**천** 한**일** 어른**장** 종이**지** 베낄**사** 나**아** 배**복** 가운데**중** 시**시**

오로봉으로 붓을 삼고 삼상의 물로 먹을 갈아
푸른 하늘 한 장 종이 삼아 뱃속에 담긴 시를 쓰련다.

이백이 쓴 시〈望廬山五老峰(망여산오로봉)〉에서 차용하여 쓴 것이다. 오로봉은 중국 여산에 있는 다섯 노인이 나란히 서 있는 모습을 한 산봉우리를 말하며, 삼상은 중국 남부의 양자강·상강·원강의 세 강을 말한다. 웅장한 대자연을 필기도구로 삼아 자신의 마음을 푸른 하늘에 시로 담겠다는 대장부의 원대한 포부가 느껴진다.

歲寒然後 知松栢之不彫

해**세** 찰**한** 그릴**연** 뒤**후** 알**지** 소나무**송** 잣나무**백** 갈**지** 아닐**부** 새길**조**

눈보라 친 후에야 잣나무가 시들지 않음을 안다.

《논어(論語)》 자한(子罕) 편에 나오는 '날씨가 추워진 후에야(歲寒然後 세한연후) 소나무와 잣나무가 낙엽이 늦게 지는 것을 안다(知松栢之後彫也 지송백지후조야).'라는 공자의 말에서 인용한 것으로 사계절 내내 시들지 않는 소나무와 잣나무처럼 어려운 시기가 되었을 때 그 진면목이 드러난다는 뜻이다.

五老峯爲筆 三湘作硯池

青天一丈紙 寫我腹中詩

歲寒然後 知松栢之不彫

思君千里 望眼欲穿

생각 **사** 　임금 **군** 　일천 **천** 　마을 **리** 　　바랄 **망** 　눈 **안** 　하고자할 **욕** 　뚫을 **천**

以表寸誠 幸勿負情

써 **이** 　겉 **표** 　마디 **촌** 　정성 **성** 　　다행 **행** 　말 **물** 　저버릴 **부** 　뜻 **정**

임 생각 천 리 길에 바라보는 눈이 뚫어질 듯 하오이다.
이로써 작은 정성을 바치오니 행여 이 정을 저버리지 마소서.

임금에 대한 충절을 남편을 사모하는 여인의 마음에 빗대어 표현한 정철의〈사미인곡(思美人曲)〉처럼 나라를 사랑하는 자신의 간절한 충절과 애국심을 사랑하는 사람에 대한 정으로 빗대어 표현한 글이다.

丈夫雖死心如鐵

어른 **장** 　지아비 **부** 　비록 **수** 　죽을 **사** 　마음 **심** 　같을 **여** 　쇠 **철**

義士臨危氣似雲

옳을 **의** 　선비 **사** 　임할 **림** 　위태할 **위** 　기운 **기** 　닮을 **사** 　구름 **운**

장부는 비록 죽을지라도 마음은 쇠와 같고
의사는 위태로움에 이를지라도 기운은 구름 같도다.

의거 이후 순국에 이르기까지 안 의사는 감옥에서도 죽음을 전혀 두려워하지 않고 결연한 기상과 의지로 당당하였다.

思君千里 望眼欲穿
以表寸誠 幸勿負情

丈夫雖死心如鐵
義士臨危氣似雲

博學於文 約之以禮

넓을 **박**　　배울 **학**　　어조사 **어**　　글월 **문**　　맺을 **약**　　갈 **지**　　써 **이**　　예도 **례**

글공부를 널리 하고 예법으로 몸단속하라.

《논어(論語)》옹야(雍也) 편에 나오는 '군자가 학문을 널리 배우고(君子博學於文 군자박학어문), 예로써 단속한다면(約之以禮 약지이례) 바른 길에서 벗어나지 않게 될 것이다(亦可以弗畔矣夫 역가이불반의부).'라는 공자의 말에서 인용하였다. 배움과 예법을 강조한 안 의사의 수신철학이 느껴지는 글이다.

第一江山

차례 **제**　　한 **일**　　강 **강**　　메 **산**

경치가 제일 좋은 강산.

조국의 금수강산을 천하제일의 강산으로 자랑스러워하는 마음과 타국의 옥중에서 조국을 그리워하는 안 의사의 심정이 느껴지는 글이다.

博學於文 約之以禮

第一江山

青草塘

푸를 **청**　　풀 **초**　　못 **당**

푸른 풀이 돋아나는 연못가.

'푸른 풀이 돋아나는 연못가'를 뜻하는 글로 안 의사가 순국 이틀 전에 적은 글로 전해진다. 비록 지금은 암울한 일제치하에 있지만, 연못가에 봄풀이 돋아나듯 조국도 강인한 생명력으로 독립하는 날이 올 것이라는 희망과 염원을 담은 글이다.

孤莫孤於自恃

외로울 **고**　　없을 **막**　　외로울 **고**　　어조사 **어**　　스스로 **자**　　믿을 **시**

스스로 잘난 체 하는 것보다 더 외로운 것은 없다.

《황석공소서(黃石公素書)》제4장 본덕종도(本德宗道 도와 덕을 떠나서는 안 된다.)에 나오는 글로 교만에 대한 경계를 담고 있으며, 안 의사의 겸손한 성품이 느껴지는 글이다.

青草塘

孤莫孤於自恃

仁智堂

어질 **인**　지혜 **지**　집 **당**

어질고 지혜로운 집.

어질고 지혜로워야 한다는 뜻의 당호.

忍耐

참을 **인**　견딜 **내**

참고 견디다.

안 의사 평생의 좌우명으로 자주 언급되는 말이다. 삼흥학교를 세워 교육을 통한 구국운동부터 의병활동, 하얼빈 의거, 옥중투쟁, 순국에 이르기까지 매 순간 조국의 광복과 동양의 평화를 위해 스스로를 다잡으며 마음 깊이 새겼을 말이 바로 인내이다.

仁智堂

忍耐

極樂

극진할 **극**　　즐길 **락**

지극히 안락하여 아무 걱정이 없는 곳.

'천당지복 영원지락(天堂之福 永遠之樂)'이라는 다른 유묵에서와 마찬가지로 안 의사의 종교관과
신앙을 엿볼 수 있는 글이다.

구름 **운**　　집 **재**

구름이 걸려 있는 누각.

안 의사가 제호(齊號)를 쓴 것인지는 확실치 않으나, 산속 누각의 처마 끝에 구름이 걸려 있는 풍경
이 머릿속에 그려지듯 조국, 고향의 모습을 생각하고 그리워하는 마음이 느껴진다.

極樂

雲齋

欲保東洋　先改政略

하고자 할 **욕**　지킬 **보**　동녘 **동**　큰 바다 **양**　　먼저 **선**　고칠 **개**　정사 **정**　다스릴 **략**

時過失機　追悔何及

때 **시**　지날 **과**　잃을 **실**　시기 **기**　　쫓을 **추**　뉘우칠 **회**　어찌 **하**　미칠 **급**

동양을 보호하려면 먼저 침략정책을 고쳐야 한다.
때를 놓쳐 실기하면 후회한들 무엇하리요.

동양의 평화를 위해서는 일본은 침략정책을 그만두어야 하며, 시기를 놓치면 나중에 후회한들 소용 없다는 안 의사의 지론 '동양평화론'에 바탕을 둔 글이다.

國家安危　勞心焦思

나라 **국**　집 **가**　편안 **안**　위태할 **위**　　일할 **노**　마음 **심**　탈 **초**　생각 **사**

국가의 안위를 걱정하고 애태운다.

유묵 오른쪽의 '증안강검찰관(贈安岡檢察官)'이란 글은 당시 여순법원의 검찰관 안강정삼랑(安岡靜三郎)이 안 의사에게 친절하게 대해준 것에 대한 보답으로 이 유묵을 증정한다고 쓴 것이다.

欲保東洋 先改政略

時過失機 追悔何及

國家安危 勞心焦思

爲 國 獻 身 軍 人 本 分

할 **위**　나라 **국**　드릴 **헌**　몸 **신**　　군사 **군**　사람 **인**　근본 **본**　나눌 **분**

나라를 위해 자신을 바치는 것은 군인의 본분이다.

법정에서 자신을 대한의군 참모중장이라고 당당하게 밝힌 안 의사는 국제법에 따라 전쟁 포로로 대우하라고 강조했다. 비록 사형을 당해 목숨을 잃게 되더라도 군인은 나라를 위해 목숨을 바쳐야 한다는 안 의사의 숭고한 군인정신을 느낄 수 있다. 순국 5분 전 안 의사를 존경하던 일본인 간수 치바 도시치에게 써주었다.

天 與 不 受 反 受 其 殃 耳

하늘 **천**　더불 **여**　아닐 **불**　받을 **수**　　돌이킬 **반**　받을 **수**　그 **기**　재앙 **앙**　귀 **이**

하늘이 주는 것을 받지 않으면 도리어 그 재앙을 받게 된다.

《사기(史記)》회음후열전(淮陰侯列傳)에 나오는 고사에서 유래한 '하늘이 주는 것을 받지 않으면 도리어 벌을 받고(天與不取 反受其咎 천여불취 반수기구), 시기가 이르렀는데도 행하지 않으면 재앙을 입는다(時至不行 反受其殃 시지불행 반수기앙).'를 차용하여 쓴 글이다. 기회가 왔을 때 행하지 않으면 도리어 큰 화를 입게 된다는 뜻으로 이토가 하얼빈역으로 온 것을 하늘이 주는 기회로 생각하고 안 의사는 한 치의 망설임 없이 의거를 감행하였다.

爲國獻身 軍人本分

天與不受 反受其殃耳

言忠信行篤敬 蠻邦可行

말씀 **언**　충성 **충**　믿을 **신**　다닐 **행**　도타울 **독**　공경 **경**　　오랑캐 **만**　나라 **방**　옳을 **가**　행할 **행**

말에 성실과 신의가 있고 행실이 돈독하고 경건하면
야만의 나라에서도 이를 따른다.

《논어(論語)》위령공(衛靈公) 편에서 자장이 공자에게 널리 행할 수 있는 도리를 물으니 공자가 "말이 충성스럽고 미더우며 행실이 돈독하고 공경하면(言忠信行篤敬 언충신행독경) 비록 오랑캐의 나라라도 행한다(雖蠻貊之邦 行矣 수만맥지방 행의)."라고 답한 것을 인용한 것으로 동양 평화를 위협하는 일본의 잘못을 지적한 글이다.

臨敵先進 爲將義務

임할 **임**　대적할 **적**　먼저 **선**　나아갈 **진**　　할 **위**　장수 **장**　옳을 **의**　힘쓸 **무**

적을 맞아 먼저 전진하는 것이 장수의 의무이다.

하얼빈 거사를 감행하였던 애국에 대한 각오와 죽음에 임박해서도 한 점 흐트러짐 없는 안 의사의 의연한 기개를 보여주는 글이다.

言忠信行篤敬 蠻邦可行

臨敵先進 爲將義務

釰山刀水 慘雲難息

칼 **검**　메 **산**　칼 **도**　물 **수**　참혹할 **참**　구름 **운**　어려울 **난**　쉴 **식**

산이 검 같고 물이 칼 같아 그 참혹한 모습에 구름조차 쉬어가기 어렵다.

동양의 평화를 깨트리고 위협하는 일제의 침략전쟁을 비판하는 글이다.

공경 **경**　하늘 **천**

하늘을 공경하라.

천주교 신자였던 안 의사의 신앙을 느낄 수 있는 글이기도 하지만 종교를 뛰어넘어 전 세계의 화합과 평화의 사상을 담은 글이다.

釼山刀水 惨雲難息

敬天

戒愼乎其所不睹

경계할 **계**　삼갈 **신**　어조사 **호**　그 **기**　바 **소**　아닐 **불**　볼 **도**

아무도 보지 않아도 스스로 경계하고 삼간다.

《중용(中庸)》에 나오는 '군자는 아무도 보지 않는 데서도 경계하여 삼가고(戒愼乎 其所不睹 계신호 기소부도) 들리지 않는 곳에서도 두렵고 무서워해야 한다(恐懼乎 其所不聞 공구호 기소부문).'에서 인용한 글로 안 의사의 자기 수양 정신을 볼 수 있다.

喫蔬飮水 樂在其中

먹을 **끽**　나물 **소**　마실 **음**　물 **수**　즐길 **낙**　있을 **재**　그 **기**　가운데 **중**

나물 먹고 물 마시니 그 속에 낙이 있네.

《논어(論語)》 술이(述而)편에 나오는 '거친 밥을 먹고 물을 마시며(飯蔬食飮水 반소사음수) 팔베개를 하고 누워 있어도(曲肱而枕之 곡굉이침지) 즐거움 또한 그 가운데 있으니(樂亦在其中衣 낙역재기중의), 의롭지 않은 부귀는(不義而富且貴 불의이부지귀) 나에게는 하나의 뜬구름과도 같다(於我如浮雲 어아여부운).'라는 말에서 인용하였다.

戒愼乎其所不睹

喫蔬飲水　樂在其中

年年點檢人間事

해 **년**   해 **년**   점 **점**   검사할 **검**   사람 **인**   사이 **간**   일 **사**

惟有東風不世情

생각할 **유**   있을 **유**   동녘 **동**   바람 **풍**   아닐 **불**   인간 **세**   뜻 **정**

해마다 세상일 헤아려 보니 다만 봄바람만 세태를 따르지 않네.

해마다 사람들은 모두 변해가고 시국도 점점 어려워지는데 오직 자연만 변함없이 그대로라는 뜻이다.

澹泊明志　寧靜致遠

맑을 **담**   머무를 **박**   밝을 **명**   뜻 **지**   편안할 **영**   고요할 **정**   이를 **치**   멀 **원**

마음이 깨끗해야 뜻을 밝게 가질 수 있고
마음이 편안하고 고요해야 원대한 포부를 이룬다.

촉한의 제갈량이 아들 첨에게 학문의 길을 훈계한 편지인《계자서(戒子書)》에 나오는 '마음이 깨끗하지 않으면 뜻을 밝힐 수 없고(非澹泊無以明志 비담박무이명지), 마음이 편안하고 정숙하지 않으면 원대함을 이룰 수 없도다(非寧靜無以致遠 비녕정무이치원).'를 8자로 줄인 것으로 인격 수양의 중요성을 나타낸 글이다.

年年點檢人間事
惟有東風不世情

澹泊明志　寧靜致遠

獨 立

홀로 **독**　　　설 **립**

독립

안중근 의사의 유묵 중 독립의 뜻을 직접적으로 표현한 유일한 유묵으로 안 의사의 신념과 결의를 느낄 수 있다.

登 高 自 卑 　 行 遠 自 邇

오를 **등**　　높을 **고**　　스스로 **자**　　낮을 **비**　　　다닐 **행**　　　멀 **원**　　스스로 **자**　　가까울 **이**

높은 곳에 오르려면 낮은 곳에서부터 시작해야 하고,
먼 길을 갈 때는 가까운 곳에서 시작해야 한다.

《중용(中庸)》 제15장에 나오는 '군자의 도는(君子之道 군자지도) 가령 먼 길을 감에는 꼭 가까운 곳에서 출발해야 함과 같고(譬如行遠必自邇 비여행원필자이) 가령 높은 곳에 오르기 위해서는 반드시 낮은 곳에서 출발해야 함과 같다(譬如登高必自卑 비여등고필자비).'라는 말에서 인용한 것으로 모든 일을 세상의 이치와 순서에 맞게 행하여야 한다는 뜻을 담고 있다.

獨立

登高自卑 行遠自邇

謀事在人 成事在天

꾀 **모**　　일 **사**　　있을 **재**　　사람 **인**　　　　이룰 **성**　　일 **사**　　있을 **재**　　하늘 **천**

일을 도모하는 것은 사람에게 달려 있지만, 일을 이루는 것은 하늘에 달려 있다.

제갈량이 사마의와의 전투에서 화공(火攻)을 써 승기를 잡았으나 난데없이 소나기가 내려 승리를 놓치게 되자 하늘을 보며, "일을 꾀함은 사람이 하고(謀事在人 모사재인) 일을 행함은 하늘이 하니 (成事在天 성사재천) 강제할 수가 없구나(不可强也 불가강야)."라고 탄식한 데서 인용한 글이다. 결과는 하늘에 맡기고 인간은 최선을 다할 뿐이라는 의미도 담고 있다.

敏而好學 不恥下問

민첩할 **민**　　말 이을 **이**　　좋을 **호**　　배울 **학**　　　　아닐 **불**　　부끄러울 **치**　　아래 **하**　　물을 **문**

총명하여 배우기를 좋아하며 아랫사람에게 묻기를 부끄러워하지 않는다.

《논어(論語)》공야장(公冶長) 편에서 자공이 공자에게 "공문자는 욕심이 많고 충성심이 부족한 인물인데 왜 문(文)이라는 시호를 붙이셨습니까?"하고 묻자, 공자가 "그는 총명하여 배우기를 좋아하고(敏而好學 민이호학) 아랫사람에게 묻기를 부끄러워하지 않기(不恥下問 불치하문) 때문이다."라고 대답한 데서 인용한 글이다.

謀事在人 成事在天

敏而好學 不恥下問

百世淸風

일백 **백**　　　인간 **세**　　　맑을 **청**　　　바람 **풍**

오래도록 부는 맑은 바람.

불사이군(不事二君)의 충절을 지킨 의인으로 칭송받는 백이(伯夷)와 숙제(叔齊) 형제의 고사에서
유래한 말로 오랜 세월 동안 후세에 모범이 될 만한 훌륭한 사람을 일컫는 말이다.

白日莫虛渡　靑春不再來

흰 **백**　　날 **일**　　없을 **막**　　빌 **허**　　건널 **도**　　　푸를 **청**　　봄 **춘**　　아닐 **부**　　두 **재**　　올 **래**

세월을 헛되이 보내지 말라. 청춘은 다시 오지 않는다.

수양을 게을리하지 않으며 늘 성실하게 삶을 대하는 안 의사의 인생관이 느껴지는 글이다.

百世清風

白日莫虛渡 青春不再來

不仁者 不可以久處約

아닐 **불**　어질 **인**　놈 **자**　　아닐 **불**　옳을 **가**　써 **이**　오랠 **구**　곳 **처**　맺을 **약**

어질지 못한 자는 궁핍한 곳에서 오래 견디지 못한다.

《논어(論語)》이인(里仁) 편에 나오는 '어질지 못한 사람은 곤궁함에 오래 있지 못하며 즐거움에도 오래 머무르지 못한다(不仁者不可以久處約 不可以長處樂 불인자불가이구처약 불가이장처락). 어진 사람은 어짊을 편안하게 여기고 지혜로운 사람은 어짊을 잘 이용한다(仁者安仁 知者利仁 인자안인 지자리인).'라는 말에서 인용한 글이다.

貧與賤 人之所惡者也

가난할 **빈**　더불 **여**　천할 **천**　　사람 **인**　갈 **지**　바 **소**　미워할 **오**　놈 **자**　어조사 **야**

가난하고 천한 것은 누구나 싫어한다.

《논어(論語)》이인(里仁) 편에 나오는 '재산이 많고 지위가 높은 것은 누구나 탐내는 것이지만 올바른 방법으로 얻은 것이 아니면 누리지 말아야 하며(富與貴 是人之所欲也 不以其道得之 不處也 부여귀 시인지소욕야 불이기도득지 불처야), 가난하고 비천한 것은 누구나 싫어하는 것이지만 그것이 설사 부당하게 닥친 것이라도 회피하지 말아야 한다(貧與賤 是人之所惡也 不以其道得之 不去也 빈여천 시인지소오야 불이기도득지 불거야).'라는 공자의 말에서 핵심만 간결하게 인용한 것으로 부당하고 불리하고 억울한 일일지언정 하늘의 뜻으로 생각하고 피하지 않고 받아들이는 안 의사의 모습을 볼 수 있는 글이다.

不仁者 不可以久處約

貧與賤 人之所惡者也

貧 而 無 諂 富 而 無 驕

가난할 **빈**　　말 이을 **이**　　없을 **무**　　아첨할 **첨**　　부유할 **부**　　말 이을 **이**　　없을 **무**　　교만할 **교**

가난하되 아첨하지 않고 부유하되 교만하지 않는다.

《논어(論語)》학이(學而) 편에서 자공이 "가난해도 아첨하지 않고 부유해도 교만하지 않으면 어떻습니까?(貧而無諂 富而無驕 何如 빈이무첨 부이무교 하여)"라고 묻자 공자가 "그것도 괜찮지만 가난해도 삶을 즐거워하고, 부유해도 예를 좋아하는 사람만 못하다(可也 未若貧而樂 富而好禮者也 가야 미약빈이락 부이호례자야)."라고 대답했다는 일화에서 인용한 것이다.

山 不 高 而 秀 麗　　水 不 深 而 澄 清

메 **산**　아닐 **불**　높을 **고**　말 이을 **이**　빼어날 **수**　고울 **려**　　물 **수**　아닐 **불**　깊을 **심**　말 이을 **이**　맑을 **징**　맑을 **청**

地 不 廣 而 平 坦　　林 不 大 而 茂 盛

땅 **지**　아닐 **불**　넓을 **광**　말 이을 **이**　평평할 **평**　평탄할 **탄**　　수풀 **임**　아닐 **불**　큰 **대**　말 이을 **이**　무성할 **무**　성할 **성**

산은 높지 않으나 수려하고 물은 깊지 않으나 맑고 푸르며
땅은 넓지 않으나 평탄하고 숲은 크지 않으나 무성하다.

《삼국지연의(三國志演義)》에서 유비가 제갈량을 찾아 삼고초려할 때 주변의 빼어난 경치를 보며 감탄하는 장면에서 인용한 것으로 안 의사가 조국의 아름다운 자연경관을 표현한 글이다.

貧而無諂 富而無驕

山不高而秀麗 水不深而澄清
地不廣而平坦 林不大而茂盛

弱 肉 强 食　風 塵 時 代

약할 **약**　고기 **육**　강할 **강**　먹을 **식**　바람 **풍**　티끌 **진**　때 **시**　대신할 **대**

강한 자가 약한 자를 잡아먹는 풍진시대로다.

제국주의를 앞세워 약소국을 침략한 일본을 비판하는 글이다.

言 語 無 非 菩 薩　手 段 擧 皆 虎 狼

말씀 **언**　말씀 **어**　없을 **무**　아닐 **비**　보살 **보**　보살 **살**　손 **수**　층계 **단**　들 **거**　다 **개**　범 **호**　이리 **랑**

말은 보살 아닌 것이 없건마는 하는 짓은 모두가 사납고 간특하다.

일본은 한일합병이 대한제국의 발전과 보호를 위한 것이라고 대외적으로 표방하였지만, 실상은 그들의 식민지로 만들기 위한 침략행위였다는 것을 비판하는 글귀이다.

弱肉強食 風塵時代

言語無非菩薩 手段擧皆虎狼

臥病人事絕 嗟君萬里行

누울 **와**　병 **병**　사람 **인**　일 **사**　끊을 **절**　　탄식할 **차**　임금 **군**　일만 **만**　마을 **리**　다닐 **행**

河橋不相送 江樹遠含情

물 **하**　다리 **교**　아닐 **불**　서로 **상**　보낼 **송**　　강 **강**　나무 **수**　멀 **원**　머금을 **함**　뜻 **정**

나는 병석에 누워 인사도 못하는데, 슬프구나. 그대는 만 리 먼 길 떠나는구나.
냇물다리에 같이 나가 송별을 못하니 강 언덕 나무숲에 우리 정이 걸려있네.

당의 시인 송지문(宋之問)이 지은 5언율시 〈별두심언(別杜審言)〉이다. 절친한 친구인 두심언이 먼 길을 떠나는데 아파서 배웅하지 못하는 안타까운 마음을 담은 시로 옥중에 있는 안 의사의 심정이 느껴지는 글이다.

人類社會 代表重任

사람 **인**　무리 **류**　모일 **사**　모일 **회**　　대신할 **대**　겉 **표**　무거울 **중**　맡길 **임**

인류사회의 대표는 책임이 무겁다.

1910년 2월에 미조부치 다카오 검사에게 써준 글로 동양의 평화를 교란한 일본에 대한 준엄한 꾸짖음이다.

臥病人事絶 嗟君萬里行
河橋不相送 江樹遠含情

人類社會 代表重任

人無遠慮 必有近憂

사람 **인**　　없을 **무**　　멀 **원**　　생각할 **려**　　반드시 **필**　　있을 **유**　　가까울 **근**　　근심 **우**

사람이 멀리 생각하지 않으면 가까운 곳에 근심이 생긴다.

《논어(論語)》위령공(衛靈公) 편에 나오는 '사람이 멀리 생각하지 않으면(人無遠慮 인무원려) 반드시 가까운 근심이 생긴다(必有近憂 필유근우).'라는 공자의 말을 인용한 것이다.

一勤天下無難事

한 **일**　　부지런할 **근**　　하늘 **천**　　아래 **하**　　없을 **무**　　어려울 **난**　　일 **사**

한결같이 부지런하면 천하에 어려운 것이 없다.

'백인당중유태화(百忍堂中有泰和)'와 짝을 이뤄 쓰이며 성실함의 중요성을 강조한 글이다.

人無遠慮 必有近憂

一勤天下無難事

日 出 露 消 兮　　正 合 運 理

날**일**　　날**출**　　이슬**로**　　사라질**소**　　어조사**혜**　　바를**정**　　합할**합**　　옮길**운**　　다스릴**리**

日 盈 必 昃 兮　　不 覺 其 兆

날**일**　　찰**영**　　반드시**필**　　해 기울**측**　　어조사**혜**　　아닐**불**　　깨달을**각**　　그**기**　　조**조**

해가 뜨면 이슬이 사라지나니 천지의 이치에 부합하도다.
해가 차면 반드시 기우나니 그 징조를 깨닫지 못하는도다.

침략전쟁을 감행하며 기고만장해진 일제가 결국은 패망할 것임을 자연의 섭리에 빗대어 표현한 글이다.

日 通 清 話 公

날**일**　　통할**통**　　맑을**청**　　말씀**화**　　공평할**공**

날마다 맑은 이야기를 나누는 분.

안 의사의 사상과 성품에 감복했던 여순감옥의 간수장 기요타에게 써준 글로 오른쪽에는 '기요타 선생에게 드린다(贈淸田先生).', 왼쪽에는 '대한국인 안중근이 정중히 올린다(大韓國人 安重根 謹拜)' 적혀 있다. 비단에 쓰였다.

日出露消兮　正合運理
日盈必昃兮　不覺其兆

日通清話公

日韓交誼 善作紹介

날 **일**　한국 **한**/나라 **한**　사귈 **교**　옳을 **의**　　착할 **선**　지을 **작**　이을 **소**　길 **개**

한국과 일본의 우호관계는 서로를 잘 아는 것에서 시작된다.

통역관인 일본인 소노키 스에키에게 써주었던 유묵으로, 일부러 어순에서도 일본을 앞세워 일본이 먼저 동양평화를 위한 자세를 갖춰야 함을 알린 글이다.

臨水羨魚 不如退結網

임할 **임**　물 **수**　부러워할 **선**　물고기 **어**　　아닐 **불**　같을 **여**　물러날 **퇴**　맺을 **결**　그물 **망**

물에 이르러 물고기를 부러워함은 물러나 그물을 짜는 것만 못하다.

《회남자(淮南子)》說林訓(설림훈) 편에 나오는 '임연선어 불여퇴이결망(臨淵羨魚 不如退而結網)'을 인용한 것이다. 물가에 가서 물고기를 탐내는 것보다 돌아가서 그물을 짜는 것이 더 낫다는 뜻으로 즉, 꿈만 꾸지 말고 꿈을 이루기 위한 행동을 하라는 뜻이다.

日韓交誼 善作紹介

臨水羨魚 不如退結網

自 愛 寶

스스로 **자**　　사랑 **애**　　보배 **보**

스스로를 보배처럼 사랑하라.

長 歎 一 聲　先 弔 日 本

길 **장**　탄식할 **탄**　한 **일**　소리 **성**　　먼저 **선**　조상할 **조**　날 **일**　근본 **본**

크고 긴 탄식으로 먼저 일본을 조문한다.

세계의 평화를 깨트리는 제국주의의 열망에 빠진 일본은 반드시 스스로 먼저 망하게 될 것이라는 뜻을 담고 있다. 다른 유묵과는 달리 날짜 표기를 서기(一千九百十年 三月)로 표기했고 '於旅順獄中 大韓國人 安重根 書'가 아닌 '大韓國人 安重根 旅順獄中 書'로 이름과 장소의 순서가 바뀌어 적혀 있다. 사진본만 확인되어 진위 여부는 아직 밝혀지지 않았다.

自愛寶

長歎一聲 先弔日本

志士仁人 殺身成仁

뜻**지**　선비**사**　어질**인**　사람**인**　　죽일**살**　몸**신**　이룰**성**　어질**인**

지사와 어진 사람은 몸을 죽여 인을 이룬다.

《논어(論語)》위령공(衛靈公) 편에 나오는 '뜻 있는 선비와 어진 사람은(志士仁人 지사인인) 살기 위하여 인을 해치는 일이 없고(無求生以害仁 무구생이해인), 오히려 자신의 목숨을 바쳐 인을 이룬다(有殺身以成仁 유살신이성인).'라는 공자의 말을 인용한 것이다.

天堂之福 永遠之樂

하늘**천**　집**당**　갈**지**　복**복**　　길**영**　멀**원**　갈**지**　즐길**락**

천당의 복은 영원한 즐거움이다.

안 의사의 신앙심을 표현한 글이다.

志士仁人　殺身成仁

天堂之福　永遠之樂

通 情 明 白 光 照 世 界

통할 **통**　　뜻 **정**　　밝을 **명**　　흰 **백**　　　　빛 **광**　　비칠 **조**　　인간 **세**　　지경 **계**

통정을 명백히 하면 세계를 밝게 비추는 것이다.

안 의사가 순국하기 전까지 안 의사의 통역을 맡았던 통역관 소노키 스에키에게 써준 것으로 '소통을 명백히 하면 세상이 밝아진다.'는 의미를 담고 있다. 오른쪽 상단에 '소노키 선생에게 드린다(贈園木先生).'라고 쓰여 있다.

黃 金 百 萬 兩 不 如 一 敎 子

누를 **황**　　쇠 **금**　　일백 **백**　　일만 **만**　　냥 **냥**　　아닐 **불**　　같을 **여**　　한 **일**　　가르칠 **교**　　아들 **자**

황금 백만 냥도 자식 하나 가르침만 못하다.

《명심보감(明心寶鑑)》훈자(訓子) 편에 나오는 '황금이 궤짝에 가득하게 있어도(黃金滿籝 황금만영) 자식에게 경서 한 권 가르치는 것만 같지 못하다(不如敎子一經 불여교자일경).'라는 말에서 인용한 것으로 교육을 중요하게 생각했던 안 의사의 생각을 알 수 있는 글이다.

通情明白　光照世界

黄金百萬两　不如一教子

동포에게 고함 안중근 유묵집

1판 1쇄 펴냄 2018년 8월 30일

엮 은 이 최전선
펴 낸 이 정현순
디 자 인 박지영

펴 낸 곳 (주)북핀
등   록 제2016-000041호(2016. 6. 3.)
주   소 서울시 광진구 천호대로 572, 5층 505호
전   화 070-4242-0525 / 팩스 02-6969-9737

ISBN 979-11-87616-44-3 03910
값 12,000원